BEI GRIN MACHT SICH IHR WISSEN BEZAHLT

- Wir veröffentlichen Ihre Hausarbeit, Bachelor- und Masterarbeit

- Ihr eigenes eBook und Buch - weltweit in allen wichtigen Shops

- Verdienen Sie an jedem Verkauf

Jetzt bei www.GRIN.com hochladen und kostenlos publizieren

Bibliografische Information der Deutschen Nationalbibliothek:

Die Deutsche Bibliothek verzeichnet diese Publikation in der Deutschen Nationalbibliografie; detaillierte bibliografische Daten sind im Internet über http://dnb.d-nb.de/ abrufbar.

Dieses Werk sowie alle darin enthaltenen einzelnen Beiträge und Abbildungen sind urheberrechtlich geschützt. Jede Verwertung, die nicht ausdrücklich vom Urheberrechtsschutz zugelassen ist, bedarf der vorherigen Zustimmung des Verlages. Das gilt insbesondere für Vervielfältigungen, Bearbeitungen, Übersetzungen, Mikroverfilmungen, Auswertungen durch Datenbanken und für die Einspeicherung und Verarbeitung in elektronische Systeme. Alle Rechte, auch die des auszugsweisen Nachdrucks, der fotomechanischen Wiedergabe (einschließlich Mikrokopie) sowie der Auswertung durch Datenbanken oder ähnliche Einrichtungen, vorbehalten.

Impressum:

Copyright © 2010 GRIN Verlag, Open Publishing GmbH
Druck und Bindung: Books on Demand GmbH, Norderstedt Germany
ISBN: 9783640539840

Dieses Buch bei GRIN:

http://www.grin.com/de/e-book/144836/thea-rasche

Ernst Probst

Thea Rasche

The Flying Fräulein

GRIN Verlag

GRIN - Your knowledge has value

Der GRIN Verlag publiziert seit 1998 wissenschaftliche Arbeiten von Studenten, Hochschullehrern und anderen Akademikern als eBook und gedrucktes Buch. Die Verlagswebsite www.grin.com ist die ideale Plattform zur Veröffentlichung von Hausarbeiten, Abschlussarbeiten, wissenschaftlichen Aufsätzen, Dissertationen und Fachbüchern.

Besuchen Sie uns im Internet:

http://www.grin.com/

http://www.facebook.com/grincom

http://www.twitter.com/grin_com

Ernst Probst

Thea Rasche

The Flying Fräulein

Coverbild: © Alexander Shevchenko - Fotolia.com

*Elly Beinhorn (1907–2007),
einer der berühmtesten Fliegerinnen
der Welt, gewidmet*

Thea Rasche (1899–1971)
Foto vom Juli 1930
Foto: Bundesarchiv, Bild 102-10187 / CC-BY-SA
(via Wikimedia Commons), lizensiert unter
CreativeCommons-Lizenz by-sa-3.0-de
http://creativecommons.org/licenses/by-sa/3.0/de/legalcode

Die erste deutsche Frau mit Kunstflugschein war die Journalistin Thea Rasche (1899–1971). Ihr gebührt auch die Ehre, den ersten Alleinflug einer Frau in Deutschland nach dem Ersten Weltkrieg unternommen zu haben. Sie galt als eine der international bekanntesten Fliegerinnen aller Zeiten. Man nannte sie „The Flying Fräulein".
Thea Rasche kam am 12. August 1899 in Unna (Westfalen) zur Welt. Ihr Vater soll still und ernst gewesen sein sowie sich kaum um seine drei Kinder gekümmert haben. Weil er bald nach ihrer Geburt zum Direktor der „Essener Actien-Brauerei" avancierte, wuchs Thea in Essen auf. Deswegen wird in der Literatur mitunter fälschlicherweise Essen als ihr Geburtsort genannt.
Die lebensfrohe und heitere Mutter stammte aus Holland. Sie erzog das Nesthäkchen Thea und zwei ältere Söhne mit viel Liebe und Wärme. Ihre Kinder ermunterte sie zu etlichen Sportarten wie Schwimmen, Tennis, Hockey, Reiten und Radfahren. Der Vater dagegen betrachtete Sport als „Vergnügungssucht".
Im Alter von 15 Jahren war Thea ein pummeliger Backfisch mit großen, dunklen Kulleraugen. 1914 wurde sie unerlaubter Weise von einem Militärpiloten, der ihr erster „Backfischschwarm" war, heimlich in seinem Flugzeug mitgenommen. Dieser Militärpilot wäre streng bestraft worden, wenn man ihn dabei erwischt hätte, dass er eine Zivilperson – und noch dazu ein Mädchen – mitgenommen hatte. Zur Zeit des Ersten Weltkrieges (1914–1918) gelang es der vom Fliegen begeisterten Thea noch mehrfach, als „blinder Passagier" in einer Militärmaschine mitfliegen zu können. Die beiden Brüder von Thea starben 1915 und 1918 im Ersten Weltkrieg. Durch den Tod ihrer geliebten Söhne wurde die Mutter depressiv.

Dem strengen Vater wäre es am liebsten gewesen, wenn seine Tochter ohne eine Berufsausbildung geheiratet hätte. Er drängte Thea, jung zu heiraten, weil er sein beträchtliches Vermögen einem männlichen Erben übergeben wollte. Thea dagegen träumte von Unabhängigkeit und Selbstständigkeit. Sie wollte nach dem Lyzeum und einem Pensionsjahr in Dresden eine landwirtschaftliche Frauenschule besuchen, um eventuell später das kleine Gut ihrer Eltern bei Lünen in Westfalen zu übernehmen, das der Vater verpachtet hatte. Gegen den Willen ihres Vaters riss Thea zu Hause aus und begann an der landwirtschaftlichen Frauenschule in Miesbach (Oberbayern) eine Ausbildung zur Landwirtin. Dazu gehörten Feldarbeit, Jauchefahren und Stallausmisten. Doch wegen der sich verschlimmernden Krankheit ihrer Mutter beendete sie diese Ausbildung nicht, kehrte nach Berlin zurück und pflegte ihre Mutter, die ein Jahr später in ein Sanatorium eingewiesen wurde.

Während einer längeren Geschäftsreise ihres Vaters besuchte Thea eine Handelsschule, lernte dort Stenographie und Maschinenschreiben und bewarb sich als Sekretärin. Nach seiner Rückkehr reiste der Vater mit Thea nach Berlin und wollte sie in der Halle des Hotels „Adlon" damit überrumpeln, dass sie in wenigen Minuten ihren künftigen Ehemann kennen lernen sollte. Wütend lehnte sie ab und antwortete, dass sie ohne Wissen des Vaters bei einer Hamburger Firma eine Stellung als Privatsekretärin angenommen habe, keinen Mann heiraten wolle, den sie nicht liebe, und überhaupt nicht daran dächte, zu heiraten. Der Vater lenkte ein und versprach, sie im Falle einer festen Einstellung sogar finanziell zu unterstützen, Doch als Thea mit dem unterschriebenen Vertrag aus Hamburg zurückkehrte, bekam ihr Vater einen Wutanfall und dachte plötzlich nicht mehr an Unterstützung.

Trotzdem nahm Thea Rasche die schlecht bezahlte Stelle in Hamburg an. Ihr Lohn war so niedrig, dass sie oft vom Hunger geplagt wurde und sich im tiefen Winter kein Heizmaterial leisten konnte. Eines Tages brach sie ohnmächtig auf der Straße zusammen, wurde ins Krankenhaus gebracht und lag dort wochenlang sterbenskrank mit schwerer Diphterie und einer Erstickungsgrippe. Als eine behandelnde Ärztin an den Vater in Essen schrieb, ließ dieser Thea sofort heimkommen. Kaum zuhause, erkrankte sie schwer an Gelbsucht.
Zähneknirschend willigte Thea Rasche in die von ihrem Vater gewünschte ungewollte Heirat ein. Doch eine halbe Stunde vor der im Mai 1923 in Berlin geplanten Trauung sagte sie auf dem Standesamt wieder Nein. Ihr Vater ärgerte sich darüber so sehr, dass er sie ohne einen Pfennig Geld in Berlin sitzen ließ. Danach verkaufte sie ihren Schmuck, nahm sich mit dem Erlös davon eine Wohnung und fand eine Stelle als Inspektorin auf Gut Jühnsdorf bei Berlin, mit der sie sehr glücklich war.
Nachdem ihre Mutter vom Sanatorium nach Hause zurückkehren durfte, wurde Thea vom Vater um einen Besuch im Elternhaus gebeten. Als sie daheim ankam, ließ der Vater sie nicht mehr fort. Thea wollte damals ihre Stimme ausbilden lassen, doch ihr Vater war dagegen, weil er befürchtete, sie würde den von ihm verhassten Beruf einer Sängerin ergreifen. Auch malen durfte sie nicht, weil diese Tätigkeit dem Vater nicht behagte.
Bekannte aus Münster in Westfalen luden einige Monate später Thea zu sich ein und ihr Vater war nicht dagegen. Diese Bekannten betrieben eine Flugschule und ließen Thea dort fliegen. Wegen der kurz nach dem Ersten Weltkrieg herrschenden Beschränkungen machte die Flugschule bald Konkurs.

Thea reiste in die Rhön und begeisterte sich auf der Wasserkuppe für das Segelfliegen. Sie lernte viele Piloten kennen, darunter waren auch die deutschen Jagdflieger Ernst Udet (1896–1941) und Paul Bäumer (1896–1927). Letzterer bot Thea an, sie könne seine Schülerin werden. Sie willigte ein, zog nach Hamburg und erhielt bei „Bäumer-Aero" Flugunterricht.

Am 23. Januar 1923 absolvierte Thea Rasche den ersten Alleinflug einer Frau in Deutschland nach dem Ersten Weltkrieg (1914–1918). Danach erkrankte sie erneut an einer schweren Diphterie, die zu einem Herzfehler führte.

Entgegen des Rates ihrer Ärzte meldete sich Thea Rasche zur Pilotenprüfung an. Hierbei musste sie die Strecke Bremen–Hannover–Hamburg fliegen und auf dem jeweiligen Flugplatz zwischenlanden. Ihr Flugzeug befand sich wegen Geldmangels der Bäumer-Flugschule in einem schlechten Zustand. Deswegen musste sie während des Fluges das Benzin mit der Hand pumpen. Zu allem Überdruss herrschte auch noch schlechtes Wetter. Als ihr in Hannover wegen des Sturms ein Startverbot erteilt wurde, reparierte sie die Benzinpumpe und die Verkabelung. Trotz dieser Probleme erhielt Thea am 27. November 1925 ihren Flugschein, den Ersten, der einer Frau nach dem Ersten Weltkrieg ausgestellt wurde. Anschließend machte sie als erste deutsche Frau ihren Kunstflugschein.

Mit Ernst Udet und Paul Bäumer reiste Thea Rasche quer durch Deutschland und organisierte Flugtage sowie Flugvorführungen. Beim „Berliner Flugtag" im September 1926 flog sie als einzige Frau unter insgesamt 34 Teilnehmern und gehörte zu den Siegern. Von Udet bekam sie den Spitznamen „rasche Thea".

Bei einer Kunstflugveranstaltung in Essen tauchte unerwartet der Vater von Thea Rasche auf. Er war stolz auf die Flugkünste seiner Tochter und versprach ihr zu ihrer großen Überraschung und Freude ein eigenes Flugzeug. Im Frühjahr 1927 nahm Thea bei den „Bayerischen Flugzeugwerken" in Augsburg stolz einen Doppeldecker vom Typ „Udet U 12 Flamingo" in Empfang. Dieses Flugzeug galt Mitte der 1920-er Jahre als das beste deutsche Schulflugzeug und war vom ehemaligen Jagdflieger-As des Ersten Weltkrieges, Oberst Ernst Udet, entworfen und gebaut worden.

Beim „Essener Industrierennen" 1927 erreichte Thea Rasche als einzige weibliche Teilnehmerin aufsehenerregende Erfolge. Sie gewann den ersten Preis in ihrer Flugzeugklasse, den zweiten Preis im Gesamtwettbewerb und den ersten Preis im Geschicklichkeitsflug. Aus Freude über diese Erfolge finanzierte der stolze Vater seiner Tochter mitsamt Flugzeug einen Aufenthalt in den USA.

Thea flog zunächst von Berlin über Essen nach Paris. In der französischen Hauptstadt wurde sie von den Ozeanfliegern Admiral Richard Evelyn Byrd (1888–1957) und Clarence Duncan Chamberlin (1893–1976) zum Tee empfangen und lernte die Piloten Bernd Balchen (1899–1973) und Bertrand Blanchard Acosta (1895–1954) sowie Marschall Ferdinand Foch (1851–1929) kennen. Im Anschluss flog sie nach Southampton weiter, wo sie mit Hilfe englischer Flieger ihre „Flamingo" zerlegte und an Bord des Frachters „Leviathan" brachte. An jenem Tag erfuhr sie bestürzt, dass ihr Freund und Fluglehrer Paul Bäumer bei einem Absturz über dem Oeresund sein Leben verloren hatte. Er hatte beim Abschied in Hamburg gemurmelt, dass er wohl nie wieder Thea sehen würde.

Nach der Ankunft des Schiffes in New York City wurden die amerikanischen Fliegerhelden Admiral Byrd und Clarence Chamberlin sowie „The Flying Fräulein" begeistert empfangen. Damals konnten viele Amerikaner es kaum fassen, dass eine Frau alleine ein Flugzeug steuerte.
Als Thea Rasche einige Kunstflugfiguren über und um die Freiheitsstatue in New York City geflogen war, erregte sie riesiges Aufsehen. Nun wollten viele Amerikaner mit ihr fliegen und zahlten viel Geld, um von ihr als Passagier mitgenommen zu werden. Thea erhielt viele Einladungen, reiste durch die USA, hielt zahlreiche Reden und forderte die Städte auf, Flugplätze zu bauen. Oft sagte sie den Satz „Girls, lernt fliegen". Der „Quieed Birdman", ein exklusiver Club amerikanischer Militärflieger, nahm sie als erstes weibliches Mitglied auf.
Während ihrer ersten USA-Reise herrschte aber nicht nur eitel Sonnenschein für Thea Rasche. Ausgerechnet an ihrem 28. Geburtstag – am 12. August 1927 – ließ sie bei der Rückkehr von einem Kunstflug nach New York City der Motor ihres Doppeldeckers in Stich. Thea musste bei Pougkeepsie auf dem Hudson notlanden. Beim Abschleppen rissen die Seile, mit denen die Maschine an einem Schiff befestigt war, und das Flugzeug versank in den Fluten. Salzhaltiges Wasser beschädigte die Klebeverbindungen des Rumpfes der Maschine so schwer, dass eine Reparatur nicht möglich war. Obwohl Thea 6.000 Dollar für die traurigen Reste ihres „Flamingo" angeboten wurden, verbrannte sie diese am Rand des Flugfeldes. Damit wolllte sie verhindern, dass der „Flamingo" von amerikanischen Firmen nachgebaut wird.
Nachdem aus Deutschland ein neuer „Flamingo" geliefert worden war, unternahm Thea Rasche im Auftrag der ameri-

kanischen Regierung eine Tournee durch fast alle Bundesstaaten der USA, um für den Bau von Flugplätzen zu werben. In einer Stadt setzte der Motor ihres Flugzeuges aus und zwang sie zur Notlandung. Weil auf dem Flugplatz Tausende von Menschen standen, musste Thea in einem naheliegenden Sumpf aufsetzen. Dabei erlitt sie eine Hirnerschütterung und einen schweren Schock. Einige Tage lang konnte sie sich nicht richtig bewegen und kaum sprechen. Ihr nur leicht beschädigtes Flugzeug konnte nach wenigen Tagen repariert werden.
In Washington wurde Thea Rasche von Präsident Calvin Coolidge (1872–1933) empfangen. Dort lernte sie auch die amerikanischen Flugpioniere Charles Lindbergh (1902–1974) und Wilbur Wright (1867–1912) kennen. Wilbur und sein Bruder Orville Wright (1871–1948) hatten 1903 den ersten gesteuerten Motorflug mit einem Doppeldecker unternommen.
Damals wurden die Stimmen immer lauter, die Thea Rasche zu einem Flug über den Atlantik aufforderten, wie ihn Lindbergh geschafft hatte. Es war nur eine Frage der Zeit, dass die erste Frau dieses spektakuläre Unternehmen wagen sollte. Thea erhielt zahlreiche Sponsoringangebote, hätte sich allerdings dafür in den USA einbürgern lassen oder einen Amerikaner heiraten sollen.
Im August 1927 kehrte Thea Rasche nach Deutschland zurück. Zuvor hatten Ruth Elder (1902–1977), Prinzessin Anne Löwenstein-Wertheim (1864–1927) und Frances Wilson Grayson (1890–1927) angekündigt, den Atlantikflug versuchen zu wollen. Thea wollte in Deutschland Geldgeber für dieses Vorhaben gewinnen. Doch die deutsche Regierung war daran nicht interessiert, besonders dann nicht, wenn das Flugzeug von einer Frau gesteuert würde.

Thea Rasche (1899–1971)
Foto vom Mai 1928
Foto: Bundesarchiv, Bild 102-05908 / CC-BY-SA
(via Wikimedia Commons), lizensiert unter
CreativeCommons-Lizenz by-sa-3.0-de
http://creativecommons.org/licenses/by-sa/3.0/de/legalcode

Nachdem sie von einem Fliegerkameraden eine 15.000-Mark-Spende erhalten hatte, überwies Thea Rasche dieses Geld an eine amerikanische Agentur, die davon ein Flugzeug kaufen sollte. Doch bei ihrer Rückkehr in die USA erwies sich die erworbene Maschine als untauglich für ihre Zwecke. Danach unterschrieb Thea gutgläubig bei einer anderen Agentur einen neuen Kaufvertrag. Sie war damals von den Flugeigenschaften einer „Bellanca"-Maschine begeistert und wollte eine solche haben.

Damals fing Thea Rasche an, in den USA ihren Namen total zu vermarkten. Sie unternahm mit ihrem „Flamingo" Werbeflüge und posierte für „Thea-Rasche-Fliegerbrillen" sowie „Thea-Rasche-Flugkombinationen". Voller Ungeduld wartete sie auf die bestellte „Bellanca"-Maschine für den Atlantikflug. Bei einer Nachfrage in der Flugzeugfabrik erfuhr sie geschockt, dass die „Bellanca" nicht gekauft, sondern nur ausgeliehen war.

Die exzentrische Millionärsgattin „Fifi" Stilman (1879–1969), die das Außergewöhnliche liebte, hörte von diesem Pech und beschloss sponatan, Thea Rasche zu helfen. Bereits nach wenigen Tagen verfügte Thea auf dem Flugplatz „Curtiss-Field" über ein voll ausgerüstetes Flugzeug des Typs „Bellanca", das auf den Namen „Nordstern" getauft wurde. Doch dann verhinderten zunächst schlechtes Wetter und später ein vom Gericht verhängtes Startverbot den Atlantikflug. Theas frühere Manager wollten sie nur nach Zahlung einer horrenden Summe freigeben.

„Fifi" Stilman ließ daraufhin die Pilotin und das Flugzeug von New York City nach Kanada bringen. Dort schlug man auf einem ihr gehörenden Waldstück eine Schneise und legte eine Startbahn an. Nach mehreren Fehlstarts auf der für das schwere Flugzeug ungeeigneten sandigen Piste verlor die Millionärsgattin allerdings ihr Interesse an dem Vorhaben eiönes Atlantikfluges und entzog Thea ihre finanzielle Unterstützung.

Nachdem Amelia Earhart im Juni 1928 als Passagierin den Atlantik überflogen hatte, kehrte Thea Rasche mit einem Dampfschiff enttäuscht nach Deutschland zurück. Bei einem Maskenball auf dem Schiff hatte sie sich widerwillig als Matrose verkleidet und wollte bei passender Gelegenheit über Bord springen. Doch als sie zum Sprung ansetzte, riss sie ein anderer Maskenträger zurück, hielt sie fest und verhinderte ihren Selbstmord.

In der Heimat folgte eine schwere Zeit für Thea Rasche. Ihre ehemaligen amerikanischen Finanzpartner, die sie beim Kauf des Flugzeuges betrogen hatten, verbreiteten das Gerücht, sie wäre aus Feigheit nicht zum Atlantikflug gestartet und hätte sie so um ihr Geld gebracht. Diese Version wurde von Zeitungen weit verbreitet. Ihr Vater wandte sich von ihr ab und zahlte keinen Pfennig mehr für sie und ihre „sinnlose Liebhaberei", das Fliegen. Um etwas zu verdienen, trat sie bei Flugtagen mit ihrem „Flamingo" auf.

Eines Tages teilte der amerikanische Rechtsanwalt von Thea Rasche per Telegramm mit, bei dem für April 1929 in New York City festgesetzten Prozess gegen ihre früheren Manager sei ihre Anwesenheit erforderlich. Um die Überfahrt bezahlen zu können, musste Thea ihr Flugzeug verkaufen. Sie trat Mitte März 1929 ihre dritte Reise in die USA an, erhielt aber bereits am zweiten Tag auf See die erfreuliche Nachricht, dass sie den Prozess gewonnen hatte. Nun durfte sie zwar wieder – überall und wohin sie wollte – fliegen, besaß aber kein eigenes Flugzeug mehr. Wehmütig erlebte sie den Start des ameri-

kanischen Piloten Roger Williams (1894–1976) mit ihrem ehemaligen Flugzeug „Nordstern", das „Fifi" Stilman verkauft hatte, und nun „Pfadfinder" hieß, zum Flug nach Rom. Weil Thea kein Geld mehr für die Rückfahrt nach Deutschland besaß und – nach ihrer Meinung – weibliche Piloten in den USA bessere Möglichkeiten als in Europa hatten, blieb sie in den Vereinigten Staaten.
Die amerikanische „Moth Aircraft Corporation" in Boston bot Thea Rasche für die Teilnahme am „Cleveland Women's Air Derby", dem ersten Luftrennen für Frauen („Powder-Puff-Derby"), ein Flugzeug und die Übernahme der anfallenden Kosten an. Damals rissen sich amerikanische Flugzeugfirmen um die bekanntesten Pilotinnen.
Bei ihrer Ankunft in Santa Monica (Kalifornien) erkannte Thea Rasche sofort, dass sie mit ihrer „Moth" („Motte") gegen die mit stärkeren Maschinen ausgerüsteten Konkurrentinnen keine Chance haben würde. Ihre „Motte" schaffte bis zu 95 Meilen pro Stunde. Die Maschinen ihrer Konkurrentinnen dagegen flogen bis zu 150 Meilen pro Stunde. Aber Thea hatte die Chance, die Trophäe für das Flugzeug mit dem schwächsten Motor und der besten Zeit zu gewinnen.
Schon während der ersten Etappe dieses Luftrennens musste Thea Rasche wegen Motorenproblemen notlanden, bevor sie das Etappenziel Calexico (Kalifornien) erreichte. Bei der Notlandung auf einer Wiese brach das Fahrgestell und die deutsche Pilotin musste acht Stunden auf Ersatz warten. Bei der Ankunft in Juma (Arizona), dem zweiten Etappenziel, erfuhr Thea, dass Marvel Crosson (1904–1929) abgestürzt war und dabei ihr Leben verloren hatte.
Auf einer weiteren Strecke musste Thea Rasche wegen eines Sandsturms umkehren und litt zudem unter Ruhr. Allen

*Amelia Earhart am 5. November 1928
auf dem Luftwaffenstützpunkt Langley
Foto: National Aeronautics and Space Administration (NASA):
(via Wikimedia Commons), Lizenz: gemeinfrei (Public domain*

Widrigkeiten zum Trotz behielt sie den Anschluss an das Feld und gegen Ende des Luftrennens machten ihre fliegerischen Fähigkeiten die technischen Möglichkeiten ihrer schwachen Maschine wett. Sie sagte hierzu: „Zu spaßig hat es oft ausgesehen, wenn die großen und schnellen Maschinen mit ihren 200 PS sich an meine kleine Kiste anhängten, wenn sie den Weg verloren hatten und nun im Zickzackflug und großen Bögen um meine Maschine herumkurvten, um mit mir Schritt halten zu können."

Thea Rasche hatte bei diesem berühmten Luftrennen zum ersten Mal mit vielen amerikanischen Fliegerinnen Kontakt. Vorher hatte sie vor diesen wenig Respekt, insbesondere für Amelia Earhart (1897–1937) und Ruth Elder (1902–1977), weil sie diesen keine großen fliegerischen Leistungen zutraute. Doch das Zusammensein belehrte sie bald eines Besseren. Thea war sehr beeindruckt davon, als die amerikanischen Pilotinnen „wie ein Mann" gegen das Organisationskomitee zusammenstanden, als über die Zwischenlandungen auf der Rennstrecke beschlossen wurde. Die Organisatoren hatten in den Städten zwischenlanden wollen, die ihnen für diese Art der Werbung am meisten Geld boten, die Fliegerinnen dagegen in jenen mit den besten Flugplätzen. Obwohl ihnen die Organisatoren mit der Disqualifaktion drohten, streikten die Pilotinnen einhellig und setzten sich durch. Einge Monate nach diesem Luftrennen gründeten die Teilnehmerinnen den „Klub der Neunundneuzig" („Ninety Nines"), in dem Thea als erste Ausländerin Mitglied wurde.

Nach der Rückkehr in New York City musste Thea Rasche wegen Geldproblemen ihren für den Herbst 1929 geplanten Südamerikaflug absagen. Ihr Hauptsponsor „American Aeronautic Corp." wollte keinen „deutschen Propagandaflug"

unterstützen und forderte von ihr, die amerikanische Staatsbürgerschaft anzunehmen. Weil sie dies nicht tat, entzog ihr die Firma ihre Hilfe.
Im November 1929 kehrte Thea Rasche nach Deutschland zurück, um finanzielle Unterstützung für ihren Südamerikaflug zu finden. Doch damals schien die Zeit für ein solches ehrgeiziges Vorhaben noch nicht reif zu sein. Widerwillig unterschrieb sie einen Vertrag für Reklameflüge für die Firma Pfeilring, obwohl sie solche Flüge eigentlich gar nicht mochte. Aber dadurch erhielt sie ein Flugzeug für die ersten „Deutschen Kunstflugmeisterschaften für Damen".
Als Thea Rasche ihre Maschine „BFW M23" der „Bayerischen Flugzeugwerke" abholen wollte, funktionierte deren Motor nicht richtig. Deshalb musste sie vom Boden aus untätig zusehen, wie Elly Beinhorn (1907–2007), Marga von Etzdorf (1907–1933), Liesel Bach (1905–1992, Vera von Bissing (1906–2002) und Melitta Schiller (1903–1945) um die Wette flogen. Während Beinhorn und von Etzdorf zu ihren spektakulären Langstreckenflügen aufbrachen, musste Thea in Deutschland Kunstflugfiguren und Reklameschleifen absolvieren.
Im Mai 1932 erreichte Thea Rasche in Warnemünde an der Ostsee noch einmal etwas ganz Besonderes: Sie machte als erste deutsche Pilotin den Seeflugschein.
Technische Probleme führten dazu, dass Thea Rasche immer mehr in finanzielle Engpässe geriet. Ihre Reklameflüge brachten nicht genug ein, um Lebensunterhalt, Ersatzteile und Raten für das Flugzeug bezahlen zu können. Im Frühjahr 1933 musste Thea ihre Maschine verkaufen, um die restlichen Ratenzahlungen begleichen zu können. Doch selbst das reichte nicht aus und zähneknirschend bat sie ihren Vater um Geld, damit sie die restlichen Raten bezahlen konnte. Ihr Vater half

ihr nur unter der Bedingung, dass sie ihm versprach, nie mehr zu fliegen.
Nach dieser unerfreulichen Zeit fand Thea Rasche eine Stelle als Journalistin bei der „Deutschen Flugillustrierten". Wider Erwarten gefielen ihr die Arbeit sowie der enge Kontak mit Persönlichkeiten aus der Luftfahrt und der Sportfliegerei sehr gut.
Zum 100-Jahr-Jubiläum des australischen Bundesstaates Victoria und seiner Hauptstadt Melbourne 1934 wollten die bekanntesten damaligen Flieger ein „Internationales Flugzeugrennen für den Frieden", das so genannte Mac-Robertson Luftrennen" von England nach Australien, organsieren. Weil Thea Rasche über kein Geld für ein eigenes Flugzeug verfügte und sie erfuhr, dass die niederländische Fluggesellschaft „Koninklijke Luchtvaart Maatschappij" („KLM") mehrere Maschinen ins Rennen schickte, nutzte Thea ihre neuen Kontakte, um zumindest einen Platz als Passagierin in deren „Douglas DC-2" namens „Uiver" zu ergattern.
Thea Rasche war begeistert über dieses Luftrennen, denn ein weltumspannendes Rennen für den Frieden war einer ihrer langgehegten Träume. Bei jeder Zwischenlandung der „Uiver" schickte sie Artikel an Zeitungen und Zeitschriften in Europa und Übersee und wurde so zur einzigen Reporterin, die das Rennen vor Ort miterlebte. Sie lobte den Reisekomfort in der „DC-2", die Bedienung durch einen richtigen Koch und die Professionalität der Besatzung. Ihre Reportagen trugen zum großen Aufschwung der zivilen Luftfahrt und insbesondere der „Douglas Aircraft Company" bei.
Nach der Landung in Melbourne, wo Thea Rasche als einzige Frau, die das Ziel erreichte, mit so großer Begeisterung empfangen wurde, als hätte sie selbst die „DC-2" gesteuert,

flog sie weiter in die USA. Auch bei der Ankunft in Los Angeles wurde sie mit Jubel willkommen geheißen, schließlich war die „Uiver" ein amerikanisches Flugzeug. Thea erhielt viele Einladungen, Vorträge zu halten und ihre Fotos des Luftrennens zu zeigen. Außerdem wurde sie zum Ehrenmitglied der „Women's International Association of Aeronautics" ernannt. Eleanor Roosevelt (1884–1962), die damalige „First Lady" und Ehefrau von US-Präsident Franklin D. Roosevelt (1882–1945), lud Thea Rasche ins „Weiße Haus" ein. Damals traf sie auch Amelia Earhart, die ihr im Namen des „Club der Neunundneunzig" einen Pokal mit der Inschrift „Wings around the world for peace – won by Thea Rasche, 1934" überreichte. Von Washington DC reiste Thea Rasche nach New York City, um dort die deutsche Rekordfliegerin Elly Beinhorn zu empfangen und gemeinsam mit ihr den Dampfer nach Deutschland zu besteigen. Thea und Elly wurden in Hamburg begeistert empfangen. Danach reiste Thea allein nach Berlin, um dort wieder als Redakteurin zu arbeiten. Sie war erst einen Tag in Berlin, als sie vom Tod ihres Vaters erfuhr. Damit hatten ihre Geldnöte ein Ende. Da der Vater das Geld, das er ihr geliehen hatte, auf den Pfennig genau von ihrem Erbe abgezogen hatte, fühlte sich Thea nicht mehr an ihr Versprechen gebunden, nicht mehr zu fliegen.
Weil die „Deutsche Flugillustrierte" damals ihr Erscheinen einstellte, verlor Thea Rasche ihre Stelle als Redakteurin. Sie wandte sich wieder der Segelfliegerei zu, machte den Segelflugschein, hielt Vorträge und arbeitete als freie Journalistin. Nach dem Zweiten Weltkrieg (1939–1945) lebte Thea Rasche einige Jahre in den USA, wo sie viele Freunde hatte. Später kehrte sie nach Deutschland zurück und lebte dort in ihrem Elternhaus bis zu ihrem Tod im Jahre 1971. Das Grab von

Thea Rasche befindet sich auf dem Friedhof in Essen-Bredeney. Es wurde am 23. April 2008 durch Beschluss des Rates der Stadt Essen zum Ehrengrab umgewandelt, womit ihre letzte Ruhestätte der Nachwelt erhalten bleibt.

Sophie Blanchard (1778–1819)
Bild: Reproduktion eines Kupferstiches von Jules Porreau aus dem Jahre 1859, der nach ihrem Tod entstand

Frauen in der Luftfahrt

4. Juni 1784: Die französische Opernsängerin Elisabeth Thible, nach anderer Schreibweise auch Tible, fliegt in Lyon als erste Frau in einem Heißluftballon (Montgolfière) mit.

10. November 1798: Die Französin Jeanne Labrosse (1775–1845), die Ehefrau des Luftakrobaten André-Jacques Garnerin (1769–1823), unternimmt als erste Frau selbstständig einen Flug in einem Ballon.

12. Oktober 1799: Jeanne Labrosse wagt als erste Frau der Welt aus einer Höhe von rund 900 Metern einen Fallschirmsprung.

7. Juli 1819: Die erste professionelle Luftschifferin Frankreichs, Madeleine Sophie Blanchard (1778–1819), kommt in Paris bei einer Ballonfahrt als erste Frau beim Fliegen ums Leben.

Um 1850: Die französische Fallschirmspringerin Rosalie Poitevin (1819–1908) stellt in Parma (Italien) mit einem Sprung aus rund 2.000 Metern einen Frauenrekord auf, der erst 1931 von der Deutschen Lola Schröter (1906–1953) überboten wird.

4. Juli 1880: Mary Hawley Myers (1849–1932) unternimmt in Little Falls (New York) als erste Amerikanerin einen Alleinflug mit einem Ballon.

19. Juli 1893: Käthe Paulus (1868–1935) unternimmt in Nürnberg (Bayern) zusammen mit ihrem Verlobten Hermann Lattemann (1852–1894) ihren ersten Ballonflug. Sie gilt als erste Luftschifferin in Deutschland.

1893: Die Luftschifferin Käthe Paulus wird in Elberfeld bei Wuppertal die erste deutsche Fallschirmspringerin.

9. Juli 1903: Die Amerikanerin Aida de Acosta (1884–1962) unternimmt in Paris als erste Frau einen Alleinflug in einem lenkbaren Luftschiff.

1906: Die Amerikanerin E. Lillian Todd (1865–1937) entwirft und baut als erste Frau ein Flugzeug, das allerdings nie fliegt.

8. Juli 1908: Die französische Bildhauerin Thérèse Peltier (1873–1926) unternimmt in Turin (Italien) an Bord eines Doppeldeckers zusammen mit dem französischen Piloten Léon Delagrange (1873–1910) den ersten Flug mit einem weiblichem Passagier.

7. Oktober 1908: Edith Berg fliegt als erste Amerikanerin in Le Mans (Frankreich) in einem Flugzeug mit. Sie ist eine Passagierin des amerikanischen Luftpioniers Wilbur Wright (1867–1912) und die Ehefrau von Hart O. Berg, des europäischen Agenten von Wright.

26. Oktober 1909: Die Französin Marie Marvingt (1875–1963) fliegt als erste Frau mit einem Ballon von Frankreich nach England.

8. März 1910: Die französische Schauspielerin Raymonde de Laroche (1844–1919) wird die erste Pilotin der Welt.

9. April 1910: Hélène Dutrieu (1877–1961) wird die erste Pilotin in Belgien.

19. April 1910: Hélène Dutrieu fliegt als erste Frau der Welt einen Passagier.

Sommer 1910: Hilda Hewlett (1864–1943) wird Mitbegründerin der ersten Flugschule in England.

2. September 1910 (oder 6. September oder Mitte Oktober): Blanche Stuart Scott (1889–1970) wird angeblich die erste amerikanische Pilotin. Ihr Flug wird von der „Aeronautical Society of America" nicht anerkannt, weil er zufällig erfolgt.

16. September 1910: Bessica Medlar Raiche (1875–1932) wird angeblich die erste amerikanische Pilotin.

8. November 1910: Marie Marvingt wird die dritte Frau mit Pilotenlizenz in Frankreich.

1. August 1911: Harriet Quimby (1875–1912) wird die erste Amerikanerin mit Pilotenlizenz.

10. August 1911 (4. September 1911) : Lidija Swerewa (1890–1916) wird die erste Pilotin in Russland.

17. August 1911: Matilde Moissant (1878–1964) wird die zweite Amerikanerin mit Pilotenlizenz.

29. August 1911: Hilda Hewlett wird erste Britin mit Pilotenlizenz.

4. September 1911: Harriet Quimby unternimmt als erste Frau einen Nachtflug.

13. September 1911: Melli Beese-Boutard (1886–1925) legt an ihrem 25. Geburtstag als erste Deutsche die Pilotenprüfung ab.

10. Oktober 1911: Beatrix de Rijk (1883–1958) wird eine der ersten Pilotinnen in Holland.

Dezember 1911: Die Amerikanerinnen Harriet Quimby und Matilde Moisant (1878–1964) unternehmen als erste Pilotinnen einen Flug über Mexiko.

16. April 1912: Harriet Quimby überfliegt als erster weiblicher Pilot den Ärmelkanal (Englischer Kanal).

Juli 1912: Lilly Steinschneider (1891–1975) wird die erste Pilotin in Österreich-Ungarn.

2. September 1912: Die Französin Jeanne Pallier (1871–1939) fliegt bei ihrer Pilotenprüfung als erste Frau über Paris.

1912: Die Pilotin Ruth Law (1887–1970) fliegt als zweite Amerikanerin bei Nacht.

21. November 1912: Die russische Pilotin Ljuba Galanschikoff (1884–1968) stellt einen Höhenweltrekord für Frauen auf. Sie

erreicht mit einem geliehenen Fokker-Eindecker eine Höhe von 2.000 Metern.

5. Januar 1913: Rosina Ferrario (1888–1959) wird die erste Pilotin in Italien, die vor dem Ersten Weltkrieg eine Fluglizenz erhält,

31. Juli 1913: Die amerikanische Pilotin Alys McKey („Tiny") Bryant (1880–1954) unternimmt in Vancouver den ersten Flug einer Frau in Kanada. Ihre Flüge in Kanada waren Teil des Unterhaltungsprogramms für den Prinzen von Wales und den Herzog von York, die Vancouver und Victoria be-suchen.

20. August 1913: Ljuba Galanschikoff unternimmt zusammen mit dem Piloten Léon Letort (1888–1913) den ersten Flug innerhalb eines Tages von Berlin nach Paris.

September 1913: Katherine Stinson (1891–1977) betätigt sich in Montana als erste Luftpostpilotin der USA.

1913: Hélène Dutrieu wird erstes weibliches Mitglied der „Pariser Luftwache" und schützt die französische Hauptstadt im Ersten Weltkrieg (1914–1918) vor Angriffen deutscher Flugzeuge und Militärluftschiffe.

19. Mai 1914: Die russische Pilotin Lydija Swerewa (1890–1916) fliegt in Riga (Litauen) als erste Frau einen Looping (Kunstflugfigur in senkrechter Kreisbahn).

6. Juni 1914: Else Haugk (1889–1973) wird die erste Pilotin der Schweiz.

1914: Prinzessin Eugenie Michailowna Shakhovskaya (1889–1920) wird die erste russische Militärpilotin. Sie unternimmt als Fähnrich im Dienste des Zaren etliche Aufklärungsflüge.

1915: Die Schwestern Marjorie Stinson (1896–1975 und Katherine Stinson (1891–1977) betreiben mit ihrer Mutter Emma Beaver Stinson in Texas die erste von Frauen geleitete Flugschule.

17. Januar 1915: Ruth Law (1887–1970 wagt in Daytona Beach (Florida) als erste amerikanische Pilotin einen Looping. Ihrer Landsmännin Katherine Stinson glückt dieses Kunststück am 18. Juli 1915 über dem Flugplatz „Cicero Field" in Chicago.

1915: Nahdeshda Degtera, deren Geburts- und Todesdatum unbekannt sind, ist die erste russische Pilotin, die bei einem Kampfeinsatz im Ersten Weltkrieg verwundet wird.

1916: Die Deutsche Käthe Paulus erfindet den zusammenlegbaren Fallschirm.

12. Juli 1919: Raymonde de Laroche stellt einen Höhenrekord für Frauen auf (4.800 Meter).

1919: Ruth Law befördert als erster Flieger Luftpost zu den Philippinen.

30. Mai 1920: Elsa Andersson (1897–1922) wird die erste schwedische Pilotin.

15. August 1920: Die amerikanische Pilotin Laura Bromwell (1899–1920) fliegt 87 Loopings und schafft damit einen Weltrekord.

1. April 1921: Die französische Pilotin Adrienne Bolland (1896–1975) fliegt als erste Frau über die Anden.

Mai 1921: Laura Bromwell fliegt 199 Loopings und stellt damit einen neuen Weltrekord auf.

15. Juni 1921: Die schwarze Amerikanerin Bessie Coleman (1893–1926) erhält in Frankreich ihre Fluglizenz und wird die erste afro-amerikanische Pilotin.

2. Oktober 1921: Elsa Andersson ist nach einem Absprung in Kristianstad die erste schwedische Fallschirmspringerin.

8. April 1922: Teresa de Marzo (1903–1986) wird die erste Pilotin in Brasilien.

1922: Tadashi Hyodo (1899–1980) wird die erste Pilotin in Japan.

3. September 1922: Bessie Coleman unternimmt den ersten öffentlichen Flug einer afro-amerikanischen Pilotin in den USA. Dabei springt der farbige Stuntman Hubert Fauntleroy Julian mit einem Fallschirm ab.

Oktober 1922: Lillian Gatlin aus Santa Ana (Kalifornien) wird die erste Passagierin bei einem Flug über Amerika. Sie reist von San Francisco (Kalifornien) nach Mineola (New York).

Der 2.680 Meilen-Nonstop-Flug dauert 27 Stunden 11 Minuten.

1925: Thea Rasche (1899–1971) wird erste Deutsche mit Kunstflugschein.

1925: Kwon Ki-ok (1901–1988) wird die erste Pilotin aus Korea.

1925: Lady Mary Heath (1896–1939) erhält als erste Frau in Großbritannien eine kommerzielle Fluglizenz.

28. März 1927: Millicent Maude Bryant (1878–1927) wird die erste Pilotin in Australien.

Mai 1927: Lady Mary Heath stellt mit 17.000 Fuß (umgerechnet 5.100 Meter) einen Höhen-Weltrekord für Leichtflugzeuge auf.

Ende August 1927: Prinzessin Anne Löwenstein-Wertheim (1864–1927) scheitert beim Versuch einer Atlantiküberquerung von England nach Amerika und kommt dabei ums Leben.

September 1927: Elinor Smith wird im Alter von 16 Jahren die damals jüngste Pilotin der USA.

Oktober 1927: Die Amerikanerin Ruth Elder (1902–1977) scheitert beim Versuch einer Atlantiküberquerung von England nach Amerika.

1927: Phoebe Fairgrave Omlie (1902–1975) wird die erste von der „Civil Aeronautics Administration" („CAA") zugelassene Flugzeugmechanikerin der USA.

1927: Lady Mary Heath unternimmt als erste Frau einen Alleinflug von Südafrika nach England.

1927: Die irische Pilotin Mary Bayley (1890–1960) fliegt als erste Frau über die Irische See.

Januar 1928: Ruth Rowland Nichols (1901–1960) unternimmt zusammen mit dem Piloten Harry Rogers den ersten Nonstop-Flug von New York nach Miami (Florida).

17. und 18. Juni 1928: Die amerikanische Fliegerin Amelia Earhart (1897–1937) fliegt zusammen mit dem Piloten Wilmer Stultz (1899–1929) und dem Mechaniker Louis Gordon von New York nach Paris. Sie ist die erste Frau, die an Bord eines Flugzeuges den Atlantik überquert.

27. Juli 1928. Lady Mary Heath fliegt als erste Frau der Welt ein Passagierflugzeug. Der Start erfolgt in Amsterdam (Niederlande), die Landung in Croydon (Großbritannien).

1928: Maryse Bastié (1898–1952) erwirbt als erste Französin den Führerschein für Passagierflugzeuge.

1928: Die deutsche Pilotin Marga von Etzdorf (1907–1933) wird erste Kopilotin der „Deutschen Luft Hansa" (damalige Schreibweise).

1928: Die irische Pilotin Mary Heath fliegt als erste Frau allein vom „Kap der Guten Hoffnung" (Südafrika) nach Kairo (Ägypten).

1928: Die amerikanische Pilotin Phoebe Fairgrave Omlie fliegt als erste Frau mit einem Leichtflugzeug über die Rocky Mountains.

Oktober 1928: Die deutsche Pilotin Erika Naumann stellt zusammen mit dem schweizerischen Fliegerhauptmann Wirth bei einem Flug von Böblingen (Süddeutschland) nach Wilna (Litauen) einen Weltrekord auf. Die Flugstrecke beträgt 1.305 Kilometer.

17. Dezember 1928: Die amerikanische Pilotin Marjorie Stinson wird bei der Gründungsversammlung der „Early Birds" in Chicago das erste weibliche Mitglied. Bedingung für die Aufnahme bei den „Early Birds" ist für Amerikaner, dass sie bereits vor dem Eintritt der USA in den Ersten Weltkrieg am 17. Dezember 1916 erstmals allein geflogen sind. Für Piloten aus Europa gilt der 4. August 1914 als Stichtag für die Aufnahme bei den „Early Birds".

1928/1929: Mary Bailey (1890–1960) fliegt als erste Frau allein von England nach Südafrika und wieder zurück. Hinflug vom 9. März bis 30. April 1928, Rückflug vom September 1928 bis 16. Januar 1929.

2. Januar 1929: Evelyn („Bobby") Trout unternimmt in Los Angeles (Kalifornien) als erste Frau einen Ganze-Nacht-Flug, der 12 Stunden 11 Minuten dauert.

1929: Florence „Pancho" Barnes" (1901–1975) wird die erste amerikanische Stuntpilotin. Sie wirkt in dem Film „Hells Angels" mit, der 1929 in die Kinos kommt.

1929: Phoebe Fairgrave Omlie wird die erste amerikanische Transportpilotin.

1929: Ilse Esser (1898–1994) promoviert als erste Deutsche in Luftfahrttechnik.

August 1929: Die britische Reporterin Grace Marguerite Hay Drummond-Hay (1895–1946) fliegt als erste Frau mit einem Luftschiff um die Welt. Der Flug erfolgt im deutschen Luftschiff „LZ-127 Zeppelin".

18. bis 26. August 1929: Die amerikanische Pilotin Louise Thaden (1905–1979) gewinnt das erste „Cleveland Women's Air Derby", den ersten Überlandflug-Wettbewerb für Pilotinnen, der scherzhaft als „Powder-Puff-Derby" bezeichnet wird. Der Start erfolgt in Santa Monica (Kalifornien), Ziel ist Cleveland (Ohio), gesamte Flugstrecke mehr als 2.700 Meilen (rund 4.500 Kilometer). Zweite wird Gladys O'Donnel, Dritte Amelia Earhart. Beim legendären „Powder-Puff-Derby" gehen ingesamt 20 Pilotinnen an den Start, von denen 18 aus den USA stammen: Florence („Pancho") Barnes, Marvel Crosson, Amelia Earhart, Ruth Elder, Claire Fahy, Edith Foltz, Mary Haizlip, Jessie Keith-Miller (Australien), Opal Kunz, Ruth Nichols, Gladys O'Donnell, Phoebe Omlie, Neva Paris, Margaret Penny, Thea Rasche (Deutschland), Louise Thaden, Bobbi Trout, Mary von Mach und Vera Dawn Walker. Davon erreichen 13 Frauen das Ziel. Den scherzhaften Begriff

„Powder-Puff-Derby" („Puderquastenrennen") hat der Komiker Will Rogers (1879–1935) geprägt. Er beruht auf dem Kosmetik-Utensil, mit dem sich die Pilotinnen nach den Landungen puderten.

2. November 1929: Amelia Earhart gründet zusammen mit vier anderen bekannten Pilotinnen auf dem Flugplatz „Curtiss Field" in Valley Stream, Long Island (New York), den „Club der Neunundneunzig" („Ninety Nines"), der die Stellung der Frauen in der Luftfahrt stärken soll. Einen solchen Club hatte Clara Trenckman Studer, eine flugbegeisterte Assistentin und Helferin ohne Pilotenschein, angeregt. Die Einladung zur Gründungsversammlung war am 9. Oktober 1929 an 117 Pilotinnen in den USA verschickt und von Fay Gillis, Margorie Brown, Frances Harrel und Neva Paris unterzeichnet worden. Zur Gründungsversammlung kommen 26 Pilotinnen nach Valley Stream. Nur vier der Fliegerinnen reisen mit dem Flugzeug an, die anderen fahren wegen schlechten Wetters mit dem Zug. Ein zweites Treffen erfolgt am 14. Dezember 1929 in New York City. Dabei macht Jean Davis Hoyt (gestorben 1988) den Vorschlag, den Club nach der Zahl der Frauen in den USA zu benennen, die einen Pilotenschein besitzen und Interesse an der Gründung des Clubs zeigen. Neva Paris soll die Wahl einer Präsidentin koordinieren, doch sie kommt Anfang 1930 bei einem Flugzeugabsturz ums Leben. Louise Thaden fungiert als „provisorische Präsidentin" des Clubs. Bald gehörten 99 Fliegerinnen zum Club und dessen Name steht fest. 1931 wird Amelia Earhart zur Präsidentin gewählt und bleibt dies bis 1933. „Ninety Nines" behauptet sich bis heute und zählt derzeit weltweit mehr als 20.000 Mitglieder.

November 1929: Die amerikanischen Pilotinnen Evelyn („Bobby") Trout (1906–2003) und Elinor Smith (geboren 1911) unternehmen den ersten Frauenflug mit Luftbetankung.

Dezember 1929: Amy Johnson (1903–1941) wird die erste Flugzeugmechanikerin in Großbritannien.

5. bis 24. Mai 1930: Die britische Pilotin Amy Johnson-Mollisson (1903–1941) fliegt als erste Frau allein von England nach Australien.

1930: Die britische Fliegerin Beryl Markham (1902–1986) wird die erste Berufspilotin Afrikas.

1930: Anne Morrow Lindbergh (1906–2001) wird die erste Segelfliegerin der USA.

6. März 1931: Ruth Rowland Nichols stellt mit 8.760,9 Metern einen Höhen-Weltrekord für Frauen auf.

13. April 1931: Ruth Rowland Nichols stellt mit 339,1 Stundenkilometern einen Geschwindigkeits-Weltrekord für Frauen auf.

1931: Leyla Mammadbeyova (1909–1989) wird die erste Pilotin in Aserbaidschan.

Juni 1931: Ruth Rowland Nichols scheitert beim Atlantiküberflug.

18. bis 29. August 1931: Die deutsche Pilotin Marga von Etzdorf (1907–1933) fliegt allein von Berlin nach Tokio.

1931: Pauline Mary Gower (1910–1947) betreibt den ersten Lufttaxidienst in Großbritannien.

1931: Die deutsche Pilotin Vera von Bissing (1906–2002) beherrscht als einzige Frau den Looping nach vorn.

1931: Die deutsche Fallschirmspringerin Lola Schröter (1906–1953) stellt mit einem Sprung aus 6.000 Metern Höhe einen Frauenrekord auf.

Oktober 1931: Hazel Ying Lee (1912–1944) erhält als eine der ersten chinesisch-amerikanischen Frauen eine Fluglizenz.

4. Dezember 1931: Die deutsche Fliegerin Elly Beinhorn (1907–2007) startet zu einem erfolgreichen Weltflug. Sie ist die erste Frau, die alle fünf Erdteile mit dem Flugzeug überfliegt.

26. Dezember 1931: Die australische Pilotin Maude Rose „Lores" Bonney (1897–1994) unternimmt den längsten Ein-Tages-Flug einer Frau von Brisbane nach Wangaratta (1.600 Kilometer).

20. Mai 1932: Die amerikanische Fliegerin Amelia Earhart fliegt mit einem einmotorigen Flugzeug als erste Frau über den Atlantik. Sie startet in Harbor Grace (Neufundland) und landet unweit von Londonderry (Nordirland).

Mai 1932: Die deutsche Schauspielerin und Pilotin Antonie Strassmann (1901–1952) fliegt an Bord des Flugschiffes „Do-X" von den USA nach Deutschland. Sie ist die erste Europäerin, die als fliegender Passagier den Atlantik überquert.

August/September 1932: Maude Rose „Lores" Bonney fliegt als erste Frau um Australien.

5. September 1932: Die amerikanische Pilotin Mary Haizlip (1910–1997) stellt in Cleveland (Ohio) mit 405,92 Stundenkilometern einen Geschwindigkeitsrekord für Frauen auf.

1932: Die Chinesin Katherine Cheung (1904–2003) wird die erste Asiatin mit Pilotenlizenz in den USA.

1932: Ruthy Tu (gestorben 1969) wird die erste Pilotin in der Chinesischen Armee.

1932: Die deutsche Pilotin Rosl Richter und ihr Ehemann unternehmen mit einem Leichtflugzeug einen Weltflug.

1932: Der Fallschirmspringerin Ola Schröter gelingt ein Rekordsprung aus 7.300 Metern Höhe.

1932: Luise Hoffmann (1910–1935) wird erste Werkspilotin in Deutschland.

1932: Phoebe Fairgrave Omlie wird die erste Regierungsbeamtin für Luftfahrt in den USA.

1932: Fay Gillis Wells (1908–2002) fliegt als erste Amerikanerin ein sowjetisches Zivilflugzeug.

10. bis 21. April 1933: Maude Rose „Lores" Bonney fliegt mit einer Maschine des Typs „Gipsy Moth" namens „My little Ship" als erste Frau von Australien nach England (Start in Brisbane, Landung in London. Flugstrecke rund 20.000 Kilometer).

1933: Freda Thompson (1909–1980) wird die erste Fluglehrerin in Australien.

28. Januar bis 25. April 1934: Die Amerikanerin Laura Ingalls (1901–1967) unternimmt als erste Frau einen Alleinflug von Nordamerika nach Südamerika.

21. März 1934: Laura Ingalls fliegt als erste Amerikanerin über die Anden.

Mai 1934: Die Neuseeländerin Jean Batten (1909–1982) unternimmt als erste Frau einen Flug von England nach Australien und zurück.

1934: Die Französin Maryse Bastie (1898–1952) fliegt als erste Frau von Paris nach Tokio und zurück.

28. September bis 6. November 1934: Die australische Pilotin Freda Thompson unternimmt den ersten Alleinflug einer Frau von England nach Australien. Während dieser insgesamt 39 Tage langen Flugreise muss sie 20 Tage auf ein Ersatzteil warten.

23. Oktober 1934: Die amerikanische Ballonfahrerin Jeannette Piccard (1895–1981) fliegt als erste Frau in die Stratosphäre: Sie steigt zusammen mit ihrem Ehemann Jean-Felix Picard (1884–1963) über dem Erisee in eine Höhe von 17.550 Metern auf.

31. Dezember 1934: Die Amerikanerin Helen Richey (1909–1947) wird die erste Pilotin bei einer planmäßigen Airline („Central Airlines").

Anfang 1935: Der amerikanischen Fliegerin Amelia Earhart glückt der erste Flug von Hawaii zum amerikanischen Festland. Diese Route ist länger als die Strecke von den USA nach Europa.

April 1935: Liesel Zangenmeister stellt in Rossitten (Ostpreußen) mit 12 Stunden 57 Minuten einen Dauer-Weltrekord im Segelflug auf.

1935: Amelia Earhart unternimmt als Erste einen Alleinflug von Los Angeles (Kalifornien) nach Mexico City (Mexiko), Flugzeit 13 Stunden 23 Minuten.

1935: Amelia Earhart unternimmt als Erste einen Alleinflug von Mexico City nach Newark, Flugzeit 14 Stunden 19 Minuten.

Ende 1935: Jean Batten fliegt als erste Frau von England nach Südamerika (Brasilien), Flugstrecke rund 5.000 Meilen (umgerechnet 8.000 Kilometer), Flugzeit 61 Stunden 15 Minuten

1936: Katarina Matanovic-Kulenovic (1913–2003) wird die erste kroatische Pilotin.

4. September 1936: Louise Thaden (1905–1979) und Blanche Noyes (1900–1981) besiegen als erste Frauen bei einem Flugwettrennen („Bendix Trophy Race") männliche Piloten. Sie fliegen sie von New York City nach Los Angeles in 14 Stunden 55 Minuten und stellen damit einen Weltrekord auf.

4./5. September 1936: Die englische Pilotin Beryl Markham (1902–1986) fliegt als erste Frau allein von London (England) über den Atlantik nach Nova Scotia (Kanada).

1936: Jean Batten fliegt als erste Frau über den Südatlantik.

1936: Laura Ingalls fliegt als erste Frau nonstop von der Ostküste zur Westküste der USA.

März 1937: Jean Burns wird im Alter von 17 Jahren die jüngste Pilotin in Australien.

17. Mai 1937: Die deutsche Fliegerin Hanna Reitsch (1912–1979) wird als erste Frau der Welt ehrenhalber zum Flugkapitän ernannt. Dieser Titel war sonst Flugzeugführern der „Deutschen Lufthansa" vorbehalten.

Mai 1937: Hanna Reitsch überquert als erste Pilotin der Welt im Segelflug die Alpen.

Juni 1937: Die deutsche Pilotin Eva Schmidt (1914–1945) erreicht eine Weltbestleistung im Segelflug-Streckenflug für

Frauen vom Hornberg (Schwäbische Alb) nach Plauen im Vogtland (Sachsen) und einen Dauerflug-Rekord von 14 Stunden.

Juni 1937: Inge Wetzel stellt in Rossitten (Ostpreußen) mit 18 1/2 Stunden einen Segelflug-Weltrekord im Dauerflug auf, wird aber bereits im Juli 1937 von Feodora Schmidt übertroffen.

1937: Amelia Earhart fliegt – im Rahmen ihrer Erdumrundung – als Erste vom Roten Meer nach Indien.

2. Juli 1937: Amelia Earhart und ihr Navigator Fred Noonan (1893–1937) kehren von ihrer geplanten spektakulären Erdumrundung nicht mehr zurück. Um das ungeklärte Verschwinden der Beiden im Pazifik ranken sich zahlreiche Legenden.

4. Juli 1937: Hanna Reitsch fliegt in Bremen als erste Frau einen Hubschrauber.

1937: Maude Rose „Lores" Bonney fliegt als erste Frau allein von Australien (Brisbane) nach Südafrika (Kapstadt), Flugstrecke 29.088 Kilometer.

1937: Sabiha Gökcen (1913–2001) wird die erste Kampfpilotin der Türkei. Sie fliegt Kampfeinsätze in Thrakien und in der Ägäis.

1937: Die deutsche Fliegerin Melitta Schenk Gräfin von Stauffenberg (1903–1945), geborene Melitta Schiller, besitzt als einzige Frau Deutschlands alle Flugzeugführerscheine für sämtliche Klassen von Motorflugzeugen und Segelflugzeugen sowie den Kunstflugschein.

1937: Die Argentinierin Susanna Ferrari Billinghurst (1914–1999) erwirbt als erste Frau in Südamerika einen kommerziellen Pilotenschein.

1937: Die russischen Pilotinnen Marina Raskowa (1912–1943) und Walentina Stepanowna Grisodubowa (1910–1993) stellen mit einem Nonstop-Flug über 1.443 Kilometer einen Frauenweltrekord auf.

1937: Die amerikanische Fliegerin Jacqueline Cochran (1906–1980) macht als erste Frau einen Blindflug (Instrumentenlandung).

28. Oktober 1937: Melitta Schenk Gräfin von Stauffenberg erhält – nach Hanna Reitsch – als zweite Frau der Welt den Titel „Flugkapitän".

Frühjahr 1938: Hanna Reitsch, die erste Frau mit Helikopter-Lizenz, unternimmt in der riesigen Berliner Deutschlandhalle mit einem Hubschrauber den ersten Hallenflug der Welt.

2. Juli 1938: Den russischen Pilotinnen Walentina Stepanowna Grisodubowa (1910–1993), Wera Lomako (geboren 1913), Polina Ossipenko (1907–1939) und Marina Raskowa (1912–1943) gelingt ein Weltrekord-Fernflug für Frauen von Sewastopol nach Archangelsk über eine Flugstrecke von 2.416 Kilometern.

24./25. September 1938: Marina Raskowa, Walentina Stepanowna Grisodubowa und Polina Ossipenko stellen mit einem 5.908,610 Kilometer langen Fernflug von Moskau nach Kerbi unweit des Ochotskischen Meeres einen Weltrekord für Frauen auf. Am 2. November 1938 erhalten sie für diesen Weltrekord-Fernflug als erste Frauen der sowjetischen Geschichte den Titel „Held der Sowjetunion".

1939: Willa Brown Chappell (1906–1992) wird die erste Afro-amerikanerin mit kommerzieller Pilotenlizenz in den USA

1939/1940: Beate Köstlin (1919–2001), später Beate Uhse, wirkt als erste deutsche Stuntpilotin in den Filmen „D III 88" (1939) und „Achtung, Feind hört mit" (1940) mit.

1. Juli 1941: Die Amerikanerin Jacqueline Cochran überführt als erste Frau einen Bomber über den Atlantik.

Ab 1941: Marina Raskowa und sechs andere weibliche Offiziere organisieren drei nur aus Frauen bestehende sowjetische Fliegerregimenter. Am Ende der Ausbildung werden in Engels drei Regimenter aufgestellt: das 586. Jagdfliegerregiment mit „Jak-2"-Flugzeugen, das 587. Tagbomberregiment mit „Pe-2"-Flugzeugen und das mit „U-2"-Flugzeugen ausgerüstete 588. Nachtbomberregiment („Nachthexen"). Kommandantinnen des 586. Jagdfliegerregiments sind: Lydia Litvak, Raisa Belyayeva, Tamara Pamyatnykh, Raya Surnachevskaya, Marina Kuznetsova. Kommandantinnen des 587. Tagbomberregiments sind: Kladiya Fomicheva, Marina Raskowa, Nadeshda Fedutenko.

Kommandantinnen des 588. Nachtbomberregiments sind: Yevodokya Bershanskaya, Yevgeniya Zhigulenko, Tatyana Makorova, Yevdokia Nosal, Nina Ulynenko.

Oktober 1942: Hanna Reitsch fliegt in Augsburg bei „Messerschmitt" das erste Raketenflugzeug der Welt.

21. März 1943: Cornelia Clark Fort (1919–1943) stirbt bei der Überführung einer Maschine des Typs „BT-13A" als erste Pilotin im Dienst der US-Army, als sie über Merkel, Taylor County (Texas), mit einem anderen Flugzeug zusammenstößt. An sie erinnert der 1945 nach ihr benannte „Cornelia Fort Airport" in Nashville (Tennessee).

14. Okober 1944: Die Amerikanerin Ann G. Baumgartner Carl (1918–2008) ist die erste Frau in einem Turbojet-Kampfflieger.

1948: Betty Skelton Frankman Erde (geboren 1926) wird die erste US-Meisterin in Luftakrobatik.

1949: Betty Skelton Frankman Erde stellt mit 7.853 Metern einen Höhenweltrekord für Frauen auf.

16. September 1950: Nancy Bird Walton (1915–2009) gründet die australische Pilotinnenorganisation „Australian Women Pilot's Association" („AWPA")

März 1951: Die deutsche Pilotin Liesel Bach (1905–1992) fliegt als erste Frau über den Himalaja.

April 1953: Iris Wittig (1928–1978) fliegt zusammen mit einem sowjetischen Instrukteur als einer der ersten Piloten in einer „MiG-15UTI", dem ersten Strahlflugzeug der „DDR".

1951: Betty Skelton Frankman Erde stellt mit 8.850 Metern einen weiteren Höhenweltrekord für Frauen auf.

4. Juni 1953: Die amerikanische Pilotin Jacqueline Cochran erreicht mit einem Düsenjäger des Typs „F-86 Sabre" eine Durchschnittsgeschwindigkeit von 1.042 Stundenkilometern und durchbricht dabei in Sturzflügen aus 14.000 Meter Höhe als erste Frau zwei Mal die Schallmauer.

August 1953: Die französische Fliegerin Jacqueline Auriol (1917–2000) durchbricht mit einem Düsenjäger des Typs „Mystère" mit einer Geschwindkeit von 1.195 Stundenkilometern als erste Europäerin die Schallmauer (Mach1).

1960-er Jahre: Jerrie Cobb besteht als erste Amerikanerin alle drei Tests für das von Jacqueline Cochran finanzierte Programm „Mercury 13". Mit diesem privat finanzierten Programm, das nicht Teil der Astronautenrekrutierung der „NASA" ist, will man beim Wettrennen im Weltraum mit der ersten Frau im All der Sowjetunion zuvorkommen. Der Name des Projektes beruht darauf, dass von den insgesamt 20 getesteten Frauen 13 die Tests bestehen: außer Jerrie Cobb später auch Myrte Cagle, Jan Dietrich, Marion Dietrich, Wally Funk, Janey Hart, Jean Hixson, Gene Nora Stumbough, Irene Leverton, Bernice Steadman, Sarah Ratley, Jerri Truhill und Rhea Woltman. Jerry Cobb, Rhea Hurle und Wally Funk unterziehen sich in Oklahoma City noch weiteren Tests und einer psychologischen Bewertung. Wenige Tage, bevor einige Frauen sich erweiterten Tests in Pensacola (Florida) in der „Naval School of Aviation Medicine" mit Militärausrüstung und Jets unterziehen sollen, erhalten sie ein Telegramm, in dem der Abbruch des Projekts mitgeteilt wird. Die Navy ist nicht bereit, ihr Equipment für ein inoffizielles Projekt bereitzustellen. Im Mai 2007 verleiht die „University of Wisconsin-Oshkosh" den damals noch acht lebenden Frauen von „Mercury 13" Ehrendoktortitel für ihren „Pioniergeist und die Anstrengungen bei der Weiterentwicklung der Frauenrechte".

16. Juni 1963: Die russische Kosmonautin Walentina Tereschkowa startet in Baikonur (Kasachstan) an Bord des Raumschiffes „Wostock VI" als erste Frau ins Weltall. Sie umkreist 49 Mal die Erde, bevor sie am 19. Juni 1963 in Novosivbirsk landet.

26. August 1963: Diana Barnato Walker (1918–2008) durchbricht als erste Britin die Schallmauer.

19. März bis 17. April 1964: Geraldine „Jerry" Mock fliegt als erste Amerikanerin erfolgreich um die Welt. Vor ihr hatte dies 1931 schon die deutsche Fliegerin Elly Beinhorn getan. Weil der Weltflug von Elly Beinhorn in den USA nicht allgemein bekannt ist, wird Geraldine „Jerry" Mock dort oft irrtümlich als Frau erwähnt, die als Erste um die Welt geflogen sein soll.

Juni 1966: Berta Zeron (1924–2000) wird die erste Frau in Mexiko mit einem kommerziellen Pilotenschein.

1966: Die britische Pilotin Sheila Scott (1927–1988) fliegt 50.000 Kilometer in 189 Flugstunden.

1967: Ursula Bühler-Hedinger (1943–2009) wird die erste schweizerische Linienpilotin und Jetpilotin.

28. März 1967: Fiorenza de Bernardi wird die erste Airline-Pilotin in Italien (nach eigenen Angaben die fünfte der Welt) und im selben Jahr in ihrem Heimatland auch der erste weibliche Flugkapitän.

1969: Turi Wideroe wird der erste weibliche Luftverkehrspilot bei einer großen Fluggesellschaft in Norwegen. Sie fliegt im Dienste der „Scandinavian Airlines Systems" („SAS").

28. Juni 1971: Die amerikanische Pilotin Louise Sacchi (1913–1997) stellt bei einem Flug von New York City nach London innerhalb von 17 Stunden 10 Minuten einen Geschwindigkeitsrekord auf.

1971: Sheila Scott fliegt bei einem Langstreckenflug über 50.000 Kilometer als erste Frau mit einem Leichtflugzeug über den Nordpol.

29. Januar 1973: Emily Howell Warner wird die erste Pilotin für eine kommerzielle Airline in den USA.

22. Februar 1974: Barbara Allen Rainey (1948–1982), geborene Barbara Ann Allen, wird die erste Marinepilotin der US-Marine („United States Navy").

4. Juni 1974: Sally Murphy qualifiziert sich als erste Frau als Pilotin für die „United States Army".

1974: Die Italienerin Fiorenza di Bernardi wird die erste Gletscherpilotin der Welt.

1974: Die Amerikanerin Marry Barr wird die erste Pilotin in der Forstwirtschaft („United States Forest Service") der Vereinigten Staaten.

1974: Captain Leslie F. Kenne wird die erste Frau an der Testpilotenschule der US-Luftwaffe.

1974: Wally Funk wird die erste Inspektorin der Flugsicherung innerhalb der amerikanischen Verkehrsbehörde „National Transportation Safety Board" („NTSB") in Washington D.C. Die „NTSB" befasst sich mit der Aufklärung von Unglücksfällen im Transportwesen (Eisenbahnen, Luftfahrt, Schifffahrt, Pipelines und Autobahnen). Für die Luftfahrt entspricht der Aufgabenbereich der Bundesstelle für Flugunfalluntersuchung in Deutschland.

6. Juni 1976: Emily Howell Warner wird der erste weibliche Kapitän einer US-Airline.

Ende 1976: Die deutsche Pilotin Rita Maiburg (1951–1977) wird der erste und einzige weibliche Flugkapitän im regulären

Liniendienst der westlichen Welt. Die Bulgarin Maria Atanasova kommandiert damals eine düsengetriebene Frachtmaschine, die Engländerin Yvonne Sintes ist Captain bei einer britischen Chartergesellschaft.

1976: Rosemary Bryant Mariner fliegt als erste Frau ein leichtes Kampfflugzeug.

1978: Rhea Seddon, Kathryn Sullivan, Judith A. Resnik (1949–1986), Sally Kristen Ride, Anna Lee Fisher und Shannon Lucid werden als erste Frauen in das Astronautencorps der „NASA" aufgenommen.

11. April 1980: Eleanor Conn unternimmt mit ihrem Ehemann Sidney Conn die erste Ballonfahrt über den Nordpol.

2. Juli 1980: Die Amerikanerin Lynn Rippelmeyer fliegt als erste Frau einen Jumbo-Jet „Boeing 747".

3. Dezember 1980: Die Amerikanerin Janice Brown unternimmt in der Nähe von Marana (Arizona) mit einem kleinen Solarflugzeug namens „Solar Challenger" den ersten Langstrecken-Solarflug (Flugstrecke 6 Meilen, Flugzeit 22 Minuten).

1980: Deborah Jane Lawrie wird die erste Pilotin bei einer australischen Fluggesellschaft.

14. Februar 1981: Neta Snook (1896–1991) ist mit 85 Jahren die älteste Pilotin der USA.

11. März 1981: Die Amerikanerin Doris Grove stellt mit 1.127,68 Kilometern einen Segelflug-Weltrekord auf.

17. Dezember 1982: Die amerikanische Pilotin Mary Haizlip (1910–1997) wird als erste Frau in der Luft- und Raumfahrt in die „Oklahoma Aviation and Space Hall of Fame" aufgenommen.

18. Juni 1983: Die Astronautin Sally Kristen Ride fliegt als erste Amerikanerin im Weltall.

1983: Regula Eichenberger wird die erste Linienpilotin bei einer schweizerischen Airline („Crossair").

19. Juli 1984: Die amerikanische Pilotin Lynn Rippelmeyer fliegt als erster weiblicher Kapitän mit einer „Boeing 747" über den Atlantik. Der Start erfolgt in Newark, die Landung in London-Gatwick.

19. Juli 1984: Die amerikanische Pilotin Beverly Lynn Burns fliegt als erster weibliche Kapitän mit einer „Boeing 747" über die USA. Ihr historischer Flug mit einer Maschine der Fluggesellschaft „PEOPLExpress" führt von Newark nach Los Angeles.

25. Juli 1984: Die sowjetische Kosmonautin Swetlana Sawizkaja unternimmt als erste Frau einen Spaziergang im Weltall.

11. Oktober 1984: Die Astronautin Kathryn Dwyer Sullivan unternimmt als erste Amerikanerin einen Spaziergang im All.

14. Dezember 1986: Die amerikanische Astronautin Jeana Yeaeger startet zusammen mit Dick Rutan mit einem Voyager-Flugzeug zur ersten Nonstop-Weltraumumrundung ohne Auftanken und Zwischenlanden. Sie fliegen in 9 Tagen 3 Minuten 44 Sekunden eine Strecke von insgesamt 42.120 Kilometern.

1989: Gaby Kennard fliegt als erste Australierin mit einem Flugzeug des Typs „Piper Saratoga" namens „Gerty" in 99 Tagen allein um die Welt.

1990: Allana Arnot (geb.oren 1967) fliegt als erste Australierin mit einem Hubschrauber um die Welt.

1990: Rosemary Bryant Mariner wird die erste Kommandantin einer operativen Fliegerstaffel in den USA.

Winter 1990: Rosella Bjornsön wird der erste weibliche Kapitän für eine kommerzielle Fluggesellschaft in Kanada.

14. Mai 1992: Die amerikanische Astronautin Kathryn Thornton unternimmt den längsten Spaziergang im Weltall. Er dauert 7 Stunden 44 Minuten.

12. bis 20. September 1992: Carol Mae Jemison fliegt mit der Raumfähre „Endeauvour" als erste afro-amerikanische Astronautin im Weltall.

1. Oktober 1992: Die Amerikanerin Victoria („Vicki") von Meter (1982–2008) erregt als jüngste Fliegerin der Welt großes Aufsehen. Sie steuert als Zehnjährige erstmals ein Flugzeug,

25. März 1993: Die Britin Barbara Hamer ist die erste Frau, die – als Erster Offizier und Kopilotin – mit einem kommerziellen Überschallflugzeug fliegt. Dies geschieht bei einem Flug mit „British Airways" auf der „Concorde" von London nach New York City.

20. bis 23. September 1993: Vicki van Meter überfliegt im Alter von elf Jahren die USA – von Augusta (Maine) nach San Diego (Kalifornien).

1993: Sarah Deal wird erster weiblicher Pilot des „United States Marine Corps".

21. April 1994: Jackie Parker qualifiziert sich als erste Pilotin für das F-16-Kampfflugzeug.

4. bis 7. Juni 1994: Vicki van Meter überfliegt im Alter von zwölf Jahren den Atlantik.

12. Juli 1994: Die elfjährige Amerikanerin Katrina Mumaw wird das „schnellste Kind der Welt": Sie bricht zusammen mit einem russischen Piloten in einem „MiG-29"-Kampfjet die Schallmauer.

1994: Kara Hultgreen (1965–1994) wird die erste Kampfpilotin der US-Marine in einer „F-14 Tomcat".

3. Oktober 1994 bis 22. März 1995: Die Russin Elena Kondakowa, nach anderer Schreibweise Yelena Vladimirovna Kondakova, unternimmt den ersten Dauerflug einer Frau im All.

3. bis 11. Februar 1995: Eileen Collins wird die erste amerikanische Raumfährenpilotin bzw. Shuttlepilotin.

1995: Martha McSally unternimmt bei der Operation „Southern Watch" als erste Pilotin der US-Luftwaffe (von Kuwait aus) Kontrollflüge in feindlichem Gebiet (Irak). Sie ist die erste Pilotin der „U.S. Air Force", die mit einem Militärflugzeug über Feindgebiet fliegt.

22. März bis 26. September 1996: Shannon Lucid wird mit einem 188 Tage langen Flug die Amerikanerin, die sich am längsten im Weltraum aufhält.

19. November 1997: Kalpana Chawla (1961–2003) unternimmt mit der amerikanischen Raumfähre „Columbia" als erste Inderin einen Flug im Weltall.

16. Dezember 1998: Kendra Williams, Leutnant bei der „United States Navy", bombardiert bei der Operation „Desert Fox" als erster weiblicher Kampfpilot der USA über dem Irak ein feindliches Ziel.

12. Januar 1999: Erstmals ist das Cockpit einer „Swissair"-Maschine ausschließlich mit Frauen besetzt: Kapitän Gabrielle Musy-Lüthi und Kopilotin Claudia Wehrli fliegen einen „Airbus A320" von Zürich-Kloten nach Paris.

23. bis 28. Juli 1999: Eileen Collins wird die erste Kommandantin einer amerikanischen Raumfähre („Space Shuttle").

Januar bis Mai 2001: Die Britin Polly Vacher unternimmt als erste Frau mit einem Kleinflugzeug („Piper PA-28 Cherokee Dakota G-FRGN") – über Australien – einen Flug um die Welt.

6. Mai 2003 bis 27. April 2004: Polly Vacher fliegt von Birmingham aus über den Nordpol, die Antarktis und alle Erdteile. Damit wird sie die erste Frau, die allein die Polarregionen überquert. Bei diesem Unternehmen fliegt sie auch innerhalb von 16 Stunden von Hawaii nach Kalifornien.

Um 2005: Hanadi Zakaria al-Hindi wird der erste weibliche Flugkapitän in Saudi-Arabien.

13. März 2006: Die amerikanische Pilotin Elizabeth A. Okoreeh-Baah fliegt als erste Frau ein senkrecht startendes „V-22 Osprey Tiltrotor"-Flugzeug.

2006: Nicole Malachowski wird als erste Frau bei den „Thunderbirds", einer Kunstflugstaffel der Luftstreitkräfte der USA, aufgenommen.

18. bis 29. September 2006: Die amerikanisch-iranische Multimillionärin Anoushe Ansari wird der erste weibliche Weltraumtourist, der erste weibliche Muslim und die erste Iranerin im Weltraum. Sie startet am 18. September 2006 mit einem Sojus-Raumschiff zur „Internationalen Raumstation" („ISS"), erreicht am 20. September die „ISS" und kehrt am 29. September 2006 mit „Sojus TMA-8" zur Erde zurück.

Autor Ernst Probst,
Foto: Klaus Benz, Fotograf, Mainz-Laubenheim

DER AUTOR

Ernst Probst, geboren am 20. Januar 1946 in Neunburg vorm Wald im bayerischen Regierungsbezirk Oberpfalz, ist Journalist und Wissenschaftsautor. Er arbeitete von 1968 bis 1971 als Redakteur bei den „Nürnberger Nach-richten", von 1971 bis 1973 in der Zentralredaktion des „Ring Nordbayerischer Tageszeitungen" in Bayreuth und von 1973 bis 2001 bei der „Allgemeinen Zeitung", Mainz. In seiner Freizeit schrieb er Artikel für die „Frankfurter Allgemeine Zeitung", „Süddeutsche Zeitung", „Die Welt", „Frankfurter Rundschau", „Neue Zürcher Zeitung", „Tages-Anzeiger", Zürich, „Salzburger Nachrichten", „Die Zeit", „Rheinischer Merkur", „Deutsches Allgemeines Sonntagsblatt", „bild der wissenschaft", „kosmos", „Deutsche Presse-Agentur" (dpa), „Associated Press" (AP) und den „Deutschen Forschungsdienst" (df). Aus seiner Feder stammen die Bücher „Deutschland in der Urzeit" (1986), „Deutschland in der Steinzeit" (1991), „Rekorde der Urzeit" (1992), „Dinosaurier in Deutschland" (1993 zusammen mit Raymund Windolf) und „Deutschland in der Bronzezeit" (1996). Ab 2000 veröffentlichte er eine 14-bändige Taschenbuchreihe über berühmte Frauen. Von 2001 bis 2006 betätigte sich Ernst Probst als Buchverleger. Bis heute schrieb er mehr als 300 Bücher, Taschenbücher und Broschüren.

Kurzbiografien von Ernst Probst über „Königinnen der Lüfte"

Aida de Acosta. Erster Alleinflug mit einem lenkbaren Luftschiff
Elsa Andersson. Die erste Pilotin aus Schweden
Jacqueline Auriol. Sie durchbrach als erste Europäerin die Schallmauer
Liesel Bach. Deutschlands erfolgreichste Kunstfliegerin
Pancho Barnes. Amerikas erste Stuntpilotin
Maryse Bastié. Die Fliegerin, die acht Weltrekorde brach
Jean Batten. Neuseelands berühmteste Pilotin
Melli Beese. Die erste Deutsche mit Pilotenlizenz
Elly Beinhorn. Deutschlands Meisterfliegerin
Vera von Bissing. Eine Kunstfliegerin der 1930-er Jahre
Sophie Blanchard. Die erste professionelle Luftschifferin
Adrienne Bolland. Die erste Frau, die über die Anden flog
Hèléne Boucher. Die französische „Wunderfliegerin"
Kalpana Chawla. Die erste Inderin im Weltall
Jacqueline Cochran. Die „schnellste Frau der Welt"
Bessie Coleman. Die erste Afro-Amerikanerin mit Pilotenschein
Eileen Collins. Die erste Raumfähren-Pilotin
Hèléne Dutrieu. Die erste Pilotin in Belgien
Amelia Earhart. Die erste Frau, die zwei Mal über den Atlantik flog
Ruth Elder. Die erste Frau, die den Flug über den Atlantik wagte

Marga von Etzdorf. Die tragische deutsche Fliegerin
Elise Garnerin. Die „Venus im Ballon"
Sabiha Gökcen. Die erste türkische Pilotin
Frances Wilson Grayson. Tragischer Flug über den Atlantik
Hilda Hewlett. Die erste britische Fliegerin
Maryse Hilsz. Die Rekordfliegerin aus Frankreich
Luise Hoffmann. Die erste deutsche Einfliegerin
Kara Spears Hultgreen. Die erste „F-14 Tomcat"-Kampfpilotin
Laura Ingalls. Die erste Amerikanerin, die über Südamerika flog
Carol Mae Jemison. Die erste afro-amerikanische Astronautin
Amy Johnson-Mollison. Englands erste Flugzeugmechanikerin
Thea Knorr. Eine frühe Fliegerin in München (zusammen mit Josef Eimannsberger)
Raymonde de Laroche. Die erste Pilotin der Welt
Ruth Law. Erste Luftpost für die Philippinen
Anne Morrow Lindbergh. Die erste Amerikanerin mit Segelflugschein.
Anne Löwenstein-Wertheim. Die fliegende Prinzessin
Shannon Lucid. Der längste Raumflug einer Frau
Angelika Machinek. Eine Segelfliegerin der Weltklasse
Rita Maiburg. Einer der ersten weiblichen Linienflugkapitäne
Beryl Markham. Die erste Berufspilotin in Ostafrika
Marie Marvingt. Die „Mutter der Luftambulanz"
Christa McAuliffe. Die amerikanische Nationalheldin
Victoria van Meter. Die jüngste Fliegerin der Welt
Jerry Mock. Im Alleinflug um die Erde

Mathilde Moisant. Eine frühe Fliegerin in den USA
Käthe Paulus. Deutschlands erste Luftschifferin
Thérèse Peltier. Die erste Flugzeugpassagierin der Welt
Harriet Quimby. Die erste Amerikanerin mit Flugschein
Bessica Medlar Raiche. Eine der ersten Fliegerinnen
in den USA
Barbara Allen Rainey. Die erste Marinepilotin
der USA
Thea Rasche. The Flying Fräulein
Marina Raskowa. Eine fliegende „Heldin
der Sowjetunion"
Wilhelmine Reichard. Die erste Ballonfahrerin
in Deutschland
Hanna Reitsch. Die Pilotin der Weltklasse
Sally Kristen Ride. Die erste Amerikanerin
im Weltall
Swetlana Sawizkaja. Die erste Spaziergängerin im Weltall
Christl-Marie Schultes. Die erste Fliegerin in Bayern
Blanche Stuart Scott. Die erste Amerikanerin, die ein
Flugzeug flog
Melitta Schenk Gräfin von Stauffenberg.
Deutsche Heldin mit Gewissensbissen
Katherine Stinson und Marjorie Stinson. Die fliegenden
Schwestern
Kathryn Dwyer Sullivan. Rekordspaziergängerin
im Weltall
Walentina Tereschkowa. Die erste Frau im Kosmos
Élisabeth Thible. Die erste Passagierin einer Montgolfière
Kathryn Thornton. Berühmte Spaziergängerin
im Weltall
Sabine Trube. Die deutsche Düsenjet-Kommandantin

Beate Uhse. Deutschlands erste Stuntpilotin
Nancy Bird Walton. Australiens erste und jüngste Verkehrspilotin

Bestellungen von Broschüren oder E-Books bei:
www.grin.com

Bücher von Ernst Probst

Christl-Marie Schultes. Die erste Fliegerin in Bayern
(zusammen mit Theo Lederer)
Frauen im Weltall
Königinnen der Lüfte
Königinnen der Lüfte von A bis Z. Biografien berühmter
Fliegerinnen, Ballonfahrerinnen, Luftschifferinnen,
Fallschirmspringerinnen und Astronautinnen
Drei Königinnen der Lüfte in Bayern. Thea Knorr –
Christl-Marie Schultes – Lisl Schwab,
Königinnen der Lüfte in Deutschland
Königinnen der Lüfte in Frankreich
Königinnen der Lüfte in England, Australien
und Neuseeland
Königinnen der Lüfte in Europa
Königinnen der Lüfte in Amerika
Sturzflüge für Deutschland. Kurzbiografie der Testfliegerin
Melitta Schenk Gräfin von Stauffenberg (zusammen mit
Heiko Peter Melle)
Theo Lederer. Ein Flugzeugsammler in Bayern
Tony und Bruno Werntgen. Zwei Leben für die Luftfahrt
(zusammen mit Paul Wirtz)

Bestellungen bei: www.grin.com

BEI GRIN MACHT SICH IHR WISSEN BEZAHLT

- Wir veröffentlichen Ihre Hausarbeit, Bachelor- und Masterarbeit

- Ihr eigenes eBook und Buch - weltweit in allen wichtigen Shops

- Verdienen Sie an jedem Verkauf

Jetzt bei www.GRIN.com hochladen und kostenlos publizieren